MOND

Gedichte

Jan Thorbecke Verlag

INHALT

DER MOND — er bewegt nicht nur seit Urzeiten den Rhythmus der Meere, sondern auch die Herzen von Dichterinnen und Denkern. Unzählige nächtliche Stunden voller Sehnsucht, Leidenschaft und aufwühlender Gedanken wurden ihm gewidmet. Er ist ein Sehnsuchtssymbol der Romantiker, und zugleich fasziniert der Trabant unserer Erde Astronomen und Wissenschaftlerinnen. Aufgrund seiner Nähe zu unserem Planeten ist er der bisher einzige fremde Himmelskörper des großen, fernen Weltalls, den die Menschen betreten haben. Er gilt als am besten erforscht und ist uns doch so fremd.

Mal ist der Mond nur als zarte Sichel hinter Wolken zu sehen, mal erscheint er uns in klarer Nacht in seiner vollen Pracht. Das Fremde und Sehnsuchtsvolle seines Wesens, das Dunkle und Helle zugleich findet sich

daher in unzähligen Gedichten, Gedanken, Sprichwörtern und Zitaten wider. Hier begleitet er den heimlichen Liebhaber zu seiner Geliebten, dort zeigen sich im Mondschein zarte Blümlein, die Erinnerungen wecken.
Den Schlaflosen treibt es hinaus in Vollmondnächte und die Liebenden hinein in rauschende Stunden der Zweisamkeit. Stetig im Wandel, lässt er sich von uns nicht fassen und ist uns doch darin so ähnlich. Die Faszination des Mondes ist und bleibt unge-brochen.

Johann Wolfgang von Goethe

AN DEN MOND

Schwester von dem ersten Licht,
Bild der Zärtlichkeit in Trauer!
Nebel schwimmt mit Silberschauer
Um dein reizendes Gesicht.
Deines leisen Fußes Lauf
Weckt aus tagverschlossnen Höhlen
Traurig abgeschiedne Seelen,
Mich, und nächt'ge Vögel auf.

Forschend übersieht dein Blick
Eine großgemeßne Weite!
Hebe mich an deine Seite,
Gib der Schwärmerei dies Glück!
Und in wollustvoller Ruh,
Säh' der weitverschlagne Ritter
Durch das gläserne Gegitter,
Seines Mädchens Nächten zu.

Dämmrung, wo die Wollust thront,
Schwimmt um ihre runden Glieder.
Trunken sinkt mein Blick hernieder.
Was verhüllt man wohl dem Mond!
Doch, was das für Wünsche sind!
Voll Begierde zu genießen,
So da droben hängen müssen;
Ei, da schieltest du dich blind.

Georg Friedrich Daumer

Eifersüchtig
schwillt der Mond,
Sieht er
unserem Kusse zu,
Kommt nach
einem Monat erst
Wieder in die
alte Ruh'.

Hugo Ball

SCHÖNE MONDFRAU

Schöne Mondfrau, gehst du schlafen
Lächelnd und so munter,
Leise mit den Silberschafen
In die Nacht hinunter?

O und du im hellen Kleide,
Liebe Schehrazade,
Spielst du, daß die Nacht nicht leide
Deine Serenade?

Wandermüde, wundertrunken
Komm in meine Ruhe.
Blaue, weiche Sternenfunken
Küssen deine Schuhe.

Sieh, die Nacht ist so lebendig,
Voller Duft und Gnade.
In den Bäumen eigenhändig
Spielt sie sich die Serenade.

Anna Ritter

DER NEIDISCHE MOND

Nun küsse mich, ich halte still,
Du lieber, lieber Mann,
Und zieht der Mond ein schief Gesicht —
Was geht's den Mond wohl an!

Ich glaube gar, den alten Herrn
Plagt nur der blasse Neid:
Der ginge lieber auch zu Zwei'n
Durch seine Ewigkeit.

Karl Enslin

GUTER MOND, DU GEHST SO STILLE

Guter Mond, du gehst so stille
durch die Abendwolken hin;
deines Schöpfers weiser Wille
hieß auf jener Bahn dich ziehn.
Leuchte freundlich jedem Müden
in das stille Kämmerlein!
Und dein Schimmer gieße Frieden
ins bedrängte Herz hinein!

Guter Mond, du wandelst leise
an dem blauen Himmelszelt,
wo dich Gott zu seinem Preise
hat als Leuchte hingestellt.
Blicke traulich zu uns nieder
durch die Nacht aufs Erdenrund!
Als ein treuer Menschenhüter
tust du Gottes Liebe kund.

Guter Mond, so sanft und milde
glänzest du im Sternenmeer,
wallest in dem Lichtgefilde
hehr und feierlich einher.
Menschentröster, Gottesbote,
der auf Friedenswolken thront,
zu dem schönsten Morgenrote
führst du uns, o guter Mond!

Hermann Lingg

MOND
IM
SEE

Über Höh'n, die dunkel liegen,
Leuchtend in sein Geisterreich
Kommt der Mond heraufgestiegen,
Einer Feuerlilie gleich.

Höher schwebend, immer blasser,
Wird sein Licht im Nachtazur,
Aber unter ihm die Wasser
Strahlen um so schöner nur.

Sanft aus ewigem Gefilde
Blickt sein Glanz, wie ein Gemüt,
Das sich selbst bezwang und milde
Nun in reinster Regung glüht.

Du verhüllst dich — und ein Schatten
Dunkelt um die Wellen weit,
Die durch dich geleuchtet hatten,
Stolzer Stern der Einsamkeit.

Christian Morgenstern

DER
MOND

Als Gott den lieben Mond erschuf,
gab er ihm folgenden Beruf:

Beim Zu– sowohl wie beim Abnehmen
sich deutschen Lesern zu bequemen,

ein A formierend und ein Z –
daß keiner groß zu denken hätt'.

Befolgend dies ward der Trabant
ein völlig deutscher Gegenstand.

Friedrich Gottlieb Klopstock

DIE FRÜHEN GRÄBER

Willkommen, o silberner Mond,
Schöner, stiller Gefährt der Nacht
Du entfliehst? Eile nicht, bleib, Gedankenfreund!
Sehet, er bleibt, das Gewölk wallte nur hin.

Des Maies Erwachen ist nur
Schöner noch, wie die Sommernacht,
Wenn ihm Tau, hell wie Licht, aus der Locke träuft
Und zu dem Hügel herauf rötlich er kömmt.

Ihr Edeleren, ach es bewächst
Eure Male schon ernstes Moos.
O wie war glücklich ich, als ich noch mit euch
Sahe sich röten den Tag, schimmern die Nacht.

»Unglücklich ist, wer sich nie einen tragischen Zorn gewünscht hat, wer kein Liebeslied auswendig weiß, um es im Mond- schein vor sich hin zu flüstern!«

Clemens Brentano

DER SPINNERIN
NACHTLIED

Es sang vor langen Jahren
Wohl auch die Nachtigall,
Das war wohl süßer Schall,
Da wir zusammen waren.

Ich sing und kann nicht weinen,
Und spinne so allein
Den Faden klar und rein,
So lang der Mond wird scheinen.

Da wir zusammen waren,
Da sang die Nachtigall,
Nun mahnet mich ihr Schall,
Daß du von mir gefahren.

So oft der Mond mag scheinen,
Gedenk ich dein allein,
Mein Herz ist klar und rein,
Gott wolle uns vereinen.

Seit du von mir gefahren,
Singt stets die Nachtigall,
Ich denk bei ihrem Schall,
Wie wir zusammen waren.

Gott wolle uns vereinen,
Hier spinn ich so allein,
Der Mond scheint klar und rein,
Ich sing und möchte weinen!

Der Mond, der
auch nicht recht
mehr munter,
hüllt sich in Wolken
und geht unter.

Theodor Storm

MONDLICHT

Wie liegt im Mondenlichte
Begraben nun die Welt;
Wie selig ist der Friede,
Der sie umfangen hält!

Die Winde müssen schweigen,
So sanft ist dieser Schein;
Sie säuseln nur und weben
Und schlafen endlich ein.

Und was in Tagesgluten
Zur Blüte nicht erwacht,
Es öffnet seine Kelche
Und duftet in die Nacht.

Wie bin ich solchen Friedens
Seit lange nicht gewohnt!
Sei du in meinem Leben
Der liebevolle Mond!

Heinrich Heine

MELODIE

Nacht liegt auf den fremden Wegen, —
Krankes Herz und müde Glieder; —
Ach, da fließt, wie stiller Segen,
Süßer Mond, dein Licht hernieder.

Süßer Mond, mit deinen Strahlen
Scheuchest du das nächt'ge Grauen;
Es zerrinnen meine Qualen,
Und die Augen übertauen.

Franz Grillparzer

DER HALBMOND GLÄNZET AM HIMMEL...

Der Halbmond glänzet am Himmel,
Und es ist neblicht und kalt.
Gegrüßt sei du Halber dort oben,
Wie du, bin ich einer, der halb.

Halb gut, halb übel geboren,
Und dürftig in beider Gestalt,
Mein Gutes ohne Würde,
Das Böse ohne Gewalt.

Halb schmeckt' ich die Freuden des Lebens,
Nichts ganz als meine Reu';
Die ersten Bissen genossen,
Schien alles mir einerlei.

Halb gab ich mich hin den Musen,
Und sie erhörten mich halb;
Halb auf der Hälfte des Lebens
Entflohn sie und ließen mich alt.

Und also sitz' ich verdrossen,
Doch läßt die Zersplitterung nach;
Die leere Hälfte der Seele
Verdrängt die noch volle gemach.

Christoph Martin Wieland

AHNUNGEN

Der Mondschein hat dies eigen,
  wie uns deucht,
Er scheinet uns die Welt der Geister
  aufzuschließen:
Man fühlt sich federleicht
Und glaubt in Luft dahinzufließen;
Der Schlummer der Natur hält rings
  um uns herum
Aus Ehrfurcht alle Wesen stumm;
Und aus den Formen, die im zweifelhaften
  Schatten
Gar sonderbar sich mischen, wandeln, gatten,
Schafft unvermerkt der Geist sich ein Elysium.
Die Werktagswelt verschwindet.
  Ein wollustreiches Sehnen
Schwellt sanft das Herz. Befreit
  von irdischer Begier
Erhebt die Seele sich zum wesentlichen
  Schönen,
Und hohe Ahnungen entwickeln sich in ihr.

Wilhelm Raabe

»Wenn man auch allen Sonnenschein wegstreicht, so gibt es doch noch den Mond und die Sterne und die Lampe am Winterabend. Es ist so viel schönes Licht in der Welt.«

»Jeder ist
ein Mond und
hat eine dunkle
Seite, die er
niemandem
zeigt.«

Mark Twain

Friedrich Hölderlin

ABBITTE

Heilig Wesen! gestört hab' ich die goldene
Götterruhe dir oft, und der geheimeren,
Tiefern Schmerzen des Lebens
Hast du manche gelernt von mir.

O vergiß es, vergib! gleich dem Gewölke dort
Vor dem friedlichen Mond, geh' ich dahin und du
Ruhst und glänzest in deiner
Schöne wieder, du süßes Licht!

Joseph von Eichendorff

MONDNACHT

Es war, als hätt der Himmel
Die Erde still geküßt,
Dass sie im Blütenschimmer
Von ihm nun träumen müßt.

Die Luft ging durch die Felder,
Die Ähren wogten sacht,
Es rauschten leis die Wälder,
So sternklar war die Nacht.

Und meine Seele spannte
Weit ihre Flügel aus,
Flog durch die stillen Lande,
Als flöge sie nach Haus.

Ludwig Tieck

NACHT

Süße Ahndungsschauer gleiten
Über Fluß und Flur dahin,
Mondesstrahlen hold bereiten
Lager liebetrunknem Sinn.
Ach, wie ziehn, wie flüstern die Wogen,
Spiegelt in Wellen der Himmelsbogen.

Liebe, dort im Firmamente,
Unter uns in blanker Flut,
Zündet Sternglanz, keiner brennte,
Gäbe Liebe nicht den Mut:
Uns, von Himmelsothem gefächelt,
Himmel und Wasser und Erde lächelt.

Mondschein liegt auf allen Blumen,
Alle Palmen schlummern schon,
In der Waldung Heiligtumen
Wallet, klingt der Liebe Ton:
Schlafend verkündigen alle Töne,
Palmen und Blumen der Liebe Schöne.

Georg Trakl

DER
ABEND

Mit toten Heldengestalten
Erfüllst du Mond
Die schweigenden Wälder,
Sichelmond —
Mit der sanften Umarmung
Der Liebenden,
Den Schatten berühmter Zeiten
Die modernden Felsen rings;
So bläulich erstrahlt es
Gegen die Stadt hin,
Wo kalt und böse
Ein verwesend Geschlecht wohnt,
Der weißen Enkel
Dunkle Zukunft bereitet.
Ihr mondverschlungnen Schatten
Aufseufzend im leeren Kristall
Des Bergsees.

»Unwissenheit
ist die Nacht
des Geistes, eine
Nacht ohne Mond
und Sterne.«

Der Mond. Dies Wort
so ahnungsreich,
So treffend, weil es
rund und weich —
Wer wäre wohl so
kaltbedächtig,
So herzlos, hart und
niederträchtig,
Daß es ihm nicht,
wenn er es liest,
Sanftschauernd durch
die Seele fließt? —

August Heinrich Hoffmann von Fallersleben

DER MOND

Der Mond zieht durch die Wolken,
Er kommt so hell heran.
Ihr Kinder, eilt ins Freie!
O seht den Mond euch an!
Da streckt das kleinste Knäbchen
Die Arm' hinaus gar weit,
Den Mond, den Mond will's haben,
Nach ihm es weint und schreit.
Ich kann ihn dir nicht geben,
Auch wenn du größer bist,
Kann ich kein Glück dir geben,
Das nicht auf Erden ist. —
Denk bei dem goldnen Monde,
Der hoch am Himmel schwebt,
Dass niemand hier auf Erden
Unmögliches erstrebt.

»Wenn der Mond
dir leuchtet,
brauchst du
nicht mehr nach
den Sternen zu
schielen.«

Sidonie Grünwald–Zerkowitz

ICH HÄTT'
EINE BITT' ...

Ich hätt' an Dich eine Bitt' ... eine Bitt',
Einen Wunsch, der noch übrig mir bliebe:
O bring' mir mit, bring' Küsse mir mit,
Wie sie küßt die treue Liebe!

Und gieb sie mir dort,
  wo der Mond nur sie schaut,
Dort an des Waldes Saume,
Wo unsre Liebe sich ihm hat vertraut
Einst unterm Kastanienbaume! ...

Und noch eine Bitte, noch eine Bitt'
Hätt' ich neben der Einen:
Bring' Deine Küsse alle mir mit!
In der Fremde — laß ihrer keinen!

Heinrich Heine

Die Lotosblume ängstigt
Sich vor der Sonne Pracht,
Und mit gesenktem Haupte
Erwartet sie träumend die Nacht.

Der Mond, der ist ihr Buhle,
Er weckt sie mit seinem Licht,
Und ihm entschleiert sie freundlich
Ihr frommes Blumengesicht.

Sie blüht und glüht und leuchtet,
Und starret stumm in die Höh;
Sie duftet und weinet und zittert
Vor Liebe und Liebesweh.

»Die Sterne
können den Glanz
des Mondes
nicht vermehren.«

Emanuel Geibel

Mein Herz ist wie die dunkle Nacht,
Wenn alle Wipfel rauschen;
Da steigt der Mond in voller Pracht
Aus Wolken sacht —
Und sieh, der Wald verstummt
      in tiefem Lauschen.

Der Mond, der helle Mond bist du;
Aus deiner Liebesfülle
Wirf einen, einen Blick mir zu
Voll Himmelsruh —
Und sieh, dies ungestüme Herz wird stille.

Emil von Schönaich-Carolath

DER
SEE
DER
TRÄUME

Das Mondlicht flutet voll und bleich
Durch dunkle Wolkensäume;
Es liegt im fernen Mondenreich
Ein See — der See der Träume.

Und alle Tränen, welche je
Um Frauenliebe vergossen,
Sind leuchtend und still in jenen See,
Den See der Träume, geflossen.

Friedrich Rückert

DU BIST
MEIN MOND

Du bist mein Mond, und ich bin deine Erde;
Du sagst, du drehest dich um mich.
Ich weiß es nicht, ich weiß nur, dass ich werde
in meinen Nächten hell durch dich.

Du bist mein Mond, und ich bin deine Erde;
sie sagen, du veränderst dich.
Allein du änderst nur die Lichtgebärde
und liebst mich unveränderlich.

Du bist mein Mond, und ich bin deine Erde,
nur mein Erdenschatten hindert dich,
die Liebesfackel stets am Sonnenherde
zu zünden in der Nacht für mich.

Joseph von Eichendorff

FRÜHLINGS-
NACHT

Übern Garten durch die Lüfte
Hört ich Wandervögel ziehn,
Das bedeutet Frühlingsdüfte,
Unten fängts schon an zu blühn.

Jauchzen möcht ich, möchte wissen,
Ist mirs doch, als könnts nicht sein!
Alte Wunder wieder scheinen
Mit dem Mondenglanz herein.

Und der Mond, die Sterne sagens,
Und in Träumen rauschts der Hain,
Und die Nachtigallen schlagens:
Sie ist Deine, sie ist dein!

Emanuel Geibel

DIE STILLE WASSERROSE

Die stille Wasserrose
Steigt aus dem blauen See,
Die feuchten Blätter zittern,
Der Kelch ist weiß wie Schnee.

Da gießt der Mond vom Himmel
All seinen goldnen Schein,
Gießt alle seine Strahlen
In ihren Schoß hinein.

Im Wasser um die Blume
Kreiset ein weißer Schwan;
Er singt so süß, so leise,
Und schaut die Blume an.

Er singt so süß, so leise,
Und will im Singen vergehn –
O Blume, weiße Blume,
Kannst du das Lied verstehn?

O NACHT!

O Nacht, du goldgesticktes Zelt,
O Mond, du Silberlampe,
Daß du die ganze Welt umhüllst
Und die du allen leuchtest!

Wo birgt in deinen Falten sich
Die allerreinste Perle?
Wo widerstrahlt dein träumend Licht
Im allerklarsten Spiegel?

O breite siebenfach um sie
Das schützende Gewinde,
Dass nicht der Jüngling sie erschau,
Auflodere in Flammen,
Dass kein verblühend Weib sie trifft
Mit unheilvollem Auge!
Und, milde Lampe, schauend tief
In ihres Spiegels Klarheit,
Erblicktest du ein Bild darin?
Und war es, ach, das meine?

Friedrich Schlegel

DER
MOND

Es streben alle Kräfte,
So matt sie sind, zur Erde doch zu wirken.
In den ew'gen Bezirken
Der schönen Welt ist das nur mein Geschäfte;
Das muß ohnmächtig immer ich versuchen,
Und traurig dem beschränkten Lose fluchen.

Seht ihr mich milde glänzen,
Und warme Sommernächte schön erhellen,
Wo leise Freudewellen
Der Erde Kinder kühlen nach den Tänzen;
Sind's Sonnengeister nur, die sanfter spielen.
Mein eignes Wesen könnt ihr so nicht fühlen.

Doch wenn ich seltsam scheine,
Aus dunkeln Wolken ängstlich vorgeschlichen;
Dann ist die Hüll' entwichen,
Es merkt der Mensch mit Schaudern, was ich
    meine.
So zeigen Geister sich, um euch zu wecken,
Und lassen ahnden die verborgnen Schrecken.

Frank Wedekind

MORGEN-STIMMUNG

Leise schleich ich wie auf Eiern
Mich aus Liebchens Paradies,
Wo ich hinter dichten Schleiern,
Meine besten Kräfte ließ.

Traurig spiegelt sich der bleiche
Mond in meinem alten Frack;
Ach die Wirkung bleibt die gleiche,
Wie das Kind auch heißen mag.

Wilhelmine, Karoline,
's ist gesprungen wie gehupft,
Nur daß hier die Unschuldsmiene,
Dort dich die Routine rupft.

William Shakespeare

»O schwöre nicht
beim Mond,
dem Wandelbaren
Der immerfort
in seiner Scheibe
wechselt,
Damit nicht
wandelbar dein
Lieben sei!«

Romeo und Julia

Joseph von Eichendorff

DIE NACHTBLUME

Nacht ist wie ein stilles Meer,
Lust und Leid und Liebesklagen
Kommen so verworren her
In dem linden Wellenschlagen.

Wünsche wie die Wolken sind,
Schiffen durch die stillen Räume,
Wer erkennt im lauen Wind,
Ob's Gedanken oder Träume? —

Schließ ich nun auch Herz und Mund,
Die so gern den Sternen klagen:
Leise doch im Herzensgrund
Bleibt das linde Wellenschlagen.

Johann Wolfgang von Goethe

DEM AUFGEHENDEN VOLLMONDE

Willst du mich sogleich verlassen?
Warst im Augenblick so nah!
Dich umfinstern Wolkenmassen,
Und nun bist du gar nicht da.

Doch du fühlst, wie ich betrübt bin,
Blickt dein Rand herauf als Stern!
Zeugest mir, dass ich geliebt bin,
Sei das Liebchen noch so fern.

So hinan denn! hell und heller,
Reiner Bahn, in voller Pracht!
Schlägt mein Herz auch schmerzlich schneller,
Überselig ist die Nacht!

Joachim Ringelnatz

OH
RIEF EIN GLAS
BURGUNDER

»Oh«, rief ein Glas Burgunder,
»Oh, Mond, du göttliches Wunder!
Du gießt aus silberner Schale
Das liebestaumelnde, fahle,
Trunkene Licht wie sengende Glut
Hin über das nachtigallige Land —«

Da rief der Mond, indem er verschwand:

»Ich weiß! Ich weiß! Schon gut!
Schon gut!«

VERLAGSGRUPPE PATMOS

PATMOS
ESCHBACH
GRÜNEWALD
THORBECKE
SCHWABEN
VER SACRUM

Die Verlagsgruppe
mit Sinn für das Leben

Für die Verlagsgruppe Patmos
ist Nachhaltigkeit ein wichtiger
Maßstab ihres Handelns. Wir
achten daher auf den Einsatz
umweltschonender Ressourcen
und Materialien.

Gestaltung: Finken & Bumiller,
Stuttgart
Druck: Finidr s.r.o., Český Těšín
Hergestellt in Tschechien
ISBN 978-3-7995-1530-6

Bildnachweis:
Seite 6: Chamois huntress / shutterstock,
Seite 12: Guillaume M / unsplash,
Seite 18: Samane Mohammadi / unsplash,
Seite 32: Leena Robinson / shutterstock,
Seite 37: Vivina Rishe / unsplash,
Seite 42: Tonktiti / shutterstock,
Seite 49: Shinta Kikuchi / unsplash,
Seite 56: Kyle cut media / unsplash,
Seite 62: Kym Mackinnon / unsplash,
Nachsatz 1: Danielle Eagle / unsplash

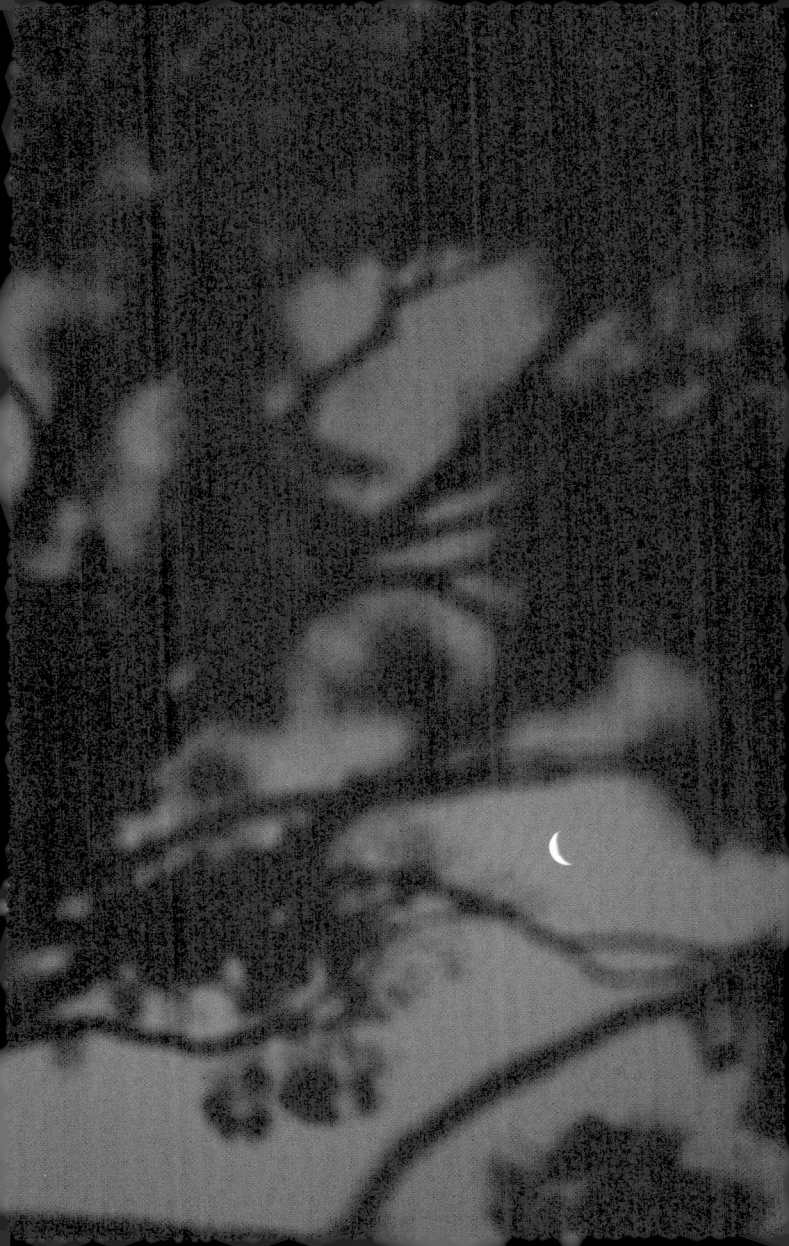